[美]博恩·崔西（Brian Tracy） 著

王琰 译

# 领导力

激发你的领导潜能

LEADERSHIP

中国科学技术出版社
·北京·

Leadership.
Copyright © Brian Tracy.
Published by arrangement with HarperCollins Leadership, a division of HarperCollins Focus, LLC.
Simplified Chinese translation copyright by China Science and Technology Press Co., Ltd.
All rights reserved.
北京市版权局著作权合同登记　图字：01-2021-2434。

### 图书在版编目（CIP）数据

领导力 / (美) 博恩·崔西著；王琰译. — 北京：中国科学技术出版社，2021.9

书名原文：Leadership Mini

ISBN 978-7-5046-9128-6

Ⅰ. ①领… Ⅱ. ①博… ②王… Ⅲ. ①领导学 Ⅳ. ① C933

中国版本图书馆 CIP 数据核字（2021）第 166242 号

| 策划编辑 | 杜凡如　褚福祎 | 责任编辑 | 杜凡如 |
|---|---|---|---|
| 封面设计 | 马筱琨 | 版式设计 | 蚂蚁设计 |
| 责任校对 | 焦　宁 | 责任印制 | 李晓霖 |

| 出　版 | 中国科学技术出版社 |
|---|---|
| 发　行 | 中国科学技术出版社有限公司发行部 |
| 地　址 | 北京市海淀区中关村南大街 16 号 |
| 邮　编 | 100081 |
| 发行电话 | 010-62173865 |
| 传　真 | 010-62173081 |
| 网　址 | http://www.cspbooks.com.cn |

| 开　本 | 787mm×1092mm　1/32 |
|---|---|
| 字　数 | 52 千字 |
| 印　张 | 5 |
| 版　次 | 2021 年 9 月第 1 版 |
| 印　次 | 2021 年 9 月第 1 次印刷 |
| 印　刷 | 北京盛通印刷股份有限公司 |
| 书　号 | ISBN 978-7-5046-9128-6/C.177 |
| 定　价 | 59.00 元 |

（凡购买本社图书，如有缺页、倒页、脱页者，本社发行部负责调换）

# 前言
PREFACE

美国最高法院前大法官奥利弗·温德尔·霍姆斯（Oliver Wendell Holmes）曾说，世界上有三种人，第一种是让事情发生的人，第二种是看着事情发生的人，第三种是想知道事情是怎么发生的人。

在本书中，我们将讨论无所作为的领导者以及让事情发生的人。

社会需要领导力。不管是家庭、商业组织、私营协会、公共协会，还是政府机构，都需要领导力，人类社会比以往任何时候都更需要领导力。我们需要有远见和勇气的人，需要有能力描绘新蓝图、开

拓新领域的人,需要领导力来领导我们迈向未来。

我们需要两种类型的领导者。第一种是最重要,也是最基础的交易型领导者。他们通过与他人合作或借由他人完成工作。第二种是变革型领导者。这种类型的领导者不仅是开拓者,而且富有远见,能够激励、鼓舞、启发员工,促使他们取得前所未有的成就。

许多组织特别是企业迫切需要领导力的原因在于,当今企业中的工作比以往任何时候都更加困难、要求更高,企业中的员工的分析能力较以往更强,但私心也更重。

领导者的工作不是简单地给员工安排工作,告诉他们该怎么做。相比之下,员工更想参与和讨论自己的工作。此外,他们希望定期获得领导者对自己表现的反馈。他们想知道："这份工作对我有什么帮助？"如今，越来越多的人在找工作时，都抱有一种"我为什么要为你工作？"的想法。

员工为其组织工作的原因之一是领导力。我喜欢将领导力的定义分为两种，尤其是其与商业组织有关时。

一种定义是：领导力是指能够激发普通人取得非凡表现的能力。

另一种定义是：领导力是获得追随者的能力。

如今，凭借职位、金钱、权威获得的领导力，都是短暂的。只有当员工自愿遵循领导者的方向、指导、愿景时，领导者才能长久地维持自身的领导地位。换句话说，员工的自愿追随是当今最优秀的领导者的标志。

# 目录

CONTENTS

| | |
|---|---|
| 第一章　领导者不是天生的 | / 001 |
| 第二章　使命感 | / 009 |
| 第三章　行动方向 | / 018 |
| 第四章　勇气素质 | / 025 |
| 第五章　既是领导者也是战略家 | / 030 |
| 第六章　鼓励和激励员工的方法 | / 038 |
| 第七章　追求胜利 | / 049 |
| 第八章　领导者也是沟通者 | / 054 |
| 第九章　从逆境中学习 | / 062 |
| 第十章　组建冠军团队 | / 069 |
| 第十一章　注重结果 | / 074 |
| 第十二章　有做领导的欲望 | / 081 |
| 第十三章　自尊在领导力中的作用 | / 089 |

领导力
LEADERSHIP

| 第十四章　以身作则 | / 097 |
| --- | --- |
| 第十五章　领导者的自我激励 | / 104 |
| 第十六章　提高领导能力 | / 110 |
| 第十七章　合作才能获得权力 | / 117 |
| 第十八章　共识领导 | / 126 |
| 第十九章　既是领导者，也是倾听者 | / 133 |
| 第二十章　像领导者一样生活 | / 138 |
| 第二十一章　诚信——领导者的基本素质 | / 144 |

第 一 章
# 领导者不是天生的

我从十几岁时开始涉足领导力的研究，到目前已经持续了很多年。我研究的第一位领导者是迦太基的汉尼拔·巴卡（Hannibal Barca）。当时，我读了很多本有关他的书，了解了很多他的经历，包括第二次布匿战争，带领大象翻越阿尔卑斯山，以及与罗马人的战争，等等。汉尼拔将较少的兵力打造成一支战斗力超群的部队，横跨数千英里[1]，击败了

---

[1] 1 英里 =1.609 千米。

当时最伟大的帝国。

之后,我研究了击败汉尼拔的将军大西庇阿(Scipio),还仔细研究了拿破仑·波拿马(Napoleon Bonaparte)及其对手英国陆军元帅威灵顿公爵——阿瑟·韦尔斯利(Arthur Wellesley)的生活,从而了解拿破仑和威灵顿的不同之处。此外,我还研究过华盛顿、林肯、乔治·巴顿(George Patton)将军、艾森豪威尔将军和奥马尔·布雷德利(Omar Bradley)将军等一些美国著名人物,他们都是杰出的领导者。

通过研究,我发现领导者都是由后天培养而成的,并不是天生的。没有人天生就是领导者。马其顿国王亚历山大大帝(Alexander the Great)甚至从八岁起就开始学习如何成为领导者。

# 第一章
## 领导者不是天生的

### 🔷 研究伟大领导者

研究过去和现在的伟大领导者是培养领导力最快最可靠的方式。领导者对高效领导力的构成要素研究得越透彻,就越有可能内化与之相同的价值观和行为,这些价值观和行为也会外显于他们的行动和工作成果中。

林肯曾写道:"有些人的成功恰恰证明了其他人也能成功。"伟大的哲学家罗素也持有相同的观点,他曾写道:"能够做成某件事情的最好证明是其他人已经成功地完成过这件事。"

你可以找一个自己欣赏的领导者,思考如何模仿他的行为,如何能够变得更像他。一段时间后,你会惊奇地发现自己实际上已经吸收了他的特质,

成了领导者。

## 亚历山大大帝的故事

亚历山大大帝的故事对于任何渴望担任高级领导职务的人都具有教育意义。亚历山大15岁时，深信自己的命运是征服已知的世界，愿望就是将全人类团结在一个命运共同体中。亚历山大跟随亚里士多德学习积累了多年。他向父亲和父亲最有能力的将军学习军事谋略，相信自己能成为伟大的国王，有能力实现自己设定的任何目标。

亚历山大有着出色的管理和执行能力。他能够在正确的时间、正确的职位上，任命正确的官员，表现出了非凡的判断力。他还能够出色地计划、组

# 第一章
## 领导者不是天生的

织、思考和执行。

在马其顿帝国与波斯帝国进行的阿贝拉会战中，亚历山大率领 50000 名士兵击溃了拥有百万兵力的波斯军队，并最终使波斯帝国灭亡。他从不考虑失败的可能性。无论有多少胜算，亚历山大完全信任自己、信任自己的部下，相信他们有能力克服任何困难。

像所有伟大的领导者一样，亚历山大也有能力组织自己的部下，激发他们充分发挥自己的能力，创造超越以往的战绩。同时，他能够认清自己的优势，掌握胜利的必要关键领域。他的生活和经历显示了所有的领导力研究都认同的伟大的领导才能。

## 视自己为领导者

在前言中,我提到世界上分为三种人,这种划分在社会上有一种阶层的划分:我们发现对发生的事情一无所知(并且毫不在意)的人们处于最底层,而在顶层的那 1%~2% 的人才是变革引擎的火花塞。我们每个人都在这个阶层的某个位置上,这个位置的上下移动取决于我们的一言一行。

能否成为领导者或是更好的领导者,完全取决于个人,或者说,取决于个人的心智。人最终会成为自己认为的样子,个人的自我认知决定了其表现。通过改变自我评价,即对自己作为领导者的评价,我们也可以成为更为高效的领导者。

这一切都始于因果定律,这是宇宙的基本规律

# 第一章
## 领导者不是天生的

之一。数学或者其他任何科学领域中的任何定律都是该定律的子集,即有果必有因。没有事情是随随便便发生的。因果定律的含义有其强大的意义,这意味着每个人的成功都有这样或那样的原因。因此,如果你想像其他人一样成功,如果你想效仿成功人士的举止和成就,那就要找出他们做了什么并且去做同样的事情。如果你能一遍又一遍地和成功人士做同样的事情,那么最终你也会获得相同的成就。

另一条相关的定律是信念定律。它指出,如果你相信某些信念,那么你相信的东西将会成为现实。换种说法,你会成为自己所相信的自己。正如哲学家威廉·詹姆斯(William James)所说:"信念创造事实。"

本书旨在讨论如何成为领导者,通过介绍社会

中最高效的领导者的素质、特质和行为,以便你可以模仿这些素质,成为高效的领导者。如果你已经是领导者,它可以使你成为更为高效的领导者。

第二章
# 使命感

领导者具有远见卓识和使命感，可以激发并推动员工完成任务。实际上，我们每个人都渴望做出超越过去的成就。而领导者能够了解动机、动力和热情背后的根源，使员工专注于实现自己的愿景。

因此，领导者必须树立一个激励和启发自己的目标，只有定性的目标才能激励和启发自己。并不是所有人都会因为股价上涨、赚更多的钱或者加薪感到兴奋或备受鼓舞，有人会因为把产品或服务提供给需要的人，或者制造出更好的产品以及在竞争

领域赢得巨大成功而感到鼓舞和兴奋。

## 力争做到最好

领导者最重要的愿景就是员工做到最好,组织尤其是企业的愿景也是一样。你对自己或企业的责任就是在工作中做到最好。对于企业而言,这意味着要问:客户最看重的、与客户的需求吻合的是产品或服务的哪种品质?

一旦确定了这一品质,就集中员工和经理的所有精力和创造力,努力把这种品质做到极致。

我们需要做到最好。除非能与所在领域的顶尖人才比肩,把同行能做的事情做到最好,否则自己不会有很高的成就感,也不会有出色的表现。

# 第二章
# 使命感

## 🔹 灌输意义和目的

工作意义和目的就是献身于某一使命。人类需要意义和目的，就像需要食物、水和空气一样，因此也都需要一种意义感。领导者是能够让员工明白自身意义的人。他们不仅能够让员工感知自身的重要性，还能让员工明白自己工作的重大意义，使员工感觉到自己是任务团队不可或缺的一部分。

领导者可以采取以下四种方法让员工感知自己的重要性，这四种方法可以分别用四个首字母为"A"的英文单词表示。

第一种方法是 Appreciation（感谢）。即抓住一切机会感谢员工高质量地完成工作以及他们为企业的成功做出的贡献。领导者感谢员工时，员工会觉

得自己更有价值，更有动力证明领导者对他们的信任是正确的。

第二种方法是 Approval（认可）。即抓住一切机会认可员工取得的成就，不论成就大小；认可其为提供建议和见解所进行的思考。员工会开心地接受肯定，其自尊和自我价值感也会随之提高。但重要的是领导者要及时且具体地表达认可，员工才会认为这种认可是真实的。

第三种方法是 Admiration（赞美）。不断地称赞员工，既可以称赞他们的性格，例如毅力，也可以称赞他们的物品，例如衣服，还可以称赞他们的成就。

第四种方法，也是最重要的方法：Attention（关注）。如果员工不断被忽视，他们就不会为实现

# 第二章
## 使命感

企业的目标做出贡献。如果员工只是被动地接收命令，没有任何参与或反馈的机会，他们不会认为自己是任务中的关键角色。关注还指领导者不打断员工说话。领导者不一定要听取他们的建议或同意其说话的内容，但要给他们表达的机会。

### 共同的事业

清晰的目标和宗旨能够给组织和组织中的每位成员指引清晰的方向。

清晰的目标能把每个人团结在一份共同的事业中。例如，美国的国际商业机器企业（International Business Machines Corporation，简称IBM）是商业史上最伟大的领军企业之一，它的目标之一就是

为世界上所有的公司提供最好的客户服务。它的使命之一是成为一家以关心客户而著称的公司。这项任务是一项定性而非定量的目标,能够激励公司的所有员工,使他们无时无刻不在思考和谈论公司的目标。他们相信自己是最好的,坚信没有公司会像IBM那样关心客户。公司的每位员工都意识到,自己的工作都是在以某种形式关心客户,这种共识把他们团结在一份共同的事业中。

企业的使命宣言中一般会写明其宗旨。使命宣言的第一点会清楚地说明企业存在的原因,总体目标和宗旨;使命宣言通常也会在某些方面与客户有关,例如,企业的产品或服务将如何帮助客户改善其生活。YouTube联合创始人查德·赫尔利(Chad Hurley)希望用户能够通过互联网分享自制的视频,

# 第二章
## 使命感

嘉信理财（Charles Schwab）旨在成为"收益最高，最具道德感的金融服务公司"，谷歌（Google）的创始人拉里·佩奇（Larry Page）和谢尔盖·布林（Sergey Brin）希望简化互联网的浏览方式。

那么，你的企业为什么存在，企业的事业又是什么呢？

### 企业的核心目标

对于企业的领导者而言，最重要的是树立核心目标，即赢得客户、服务客户。领导者要将企业的工作焦点放在客户身上。以美国连锁百货诺德斯特龙（Nordstrom）企业为例，其领导者始终坚持从客户的角度考虑问题。越来越多的企业开始将焦点

放在客户身上。可见,企业的所有成员就客户是谁达成一致意见,同意企业的宗旨才能尽可能以最好的方式满足客户,这也很容易使企业所有成员都团结起来。

事实上,我认为领导者可以通过一项非常简单的测试——听一下企业的员工如何谈论客户,来判断自己领导企业的能力如何。在好的企业中,员工总是会用尊敬的态度与客户交谈,谈及客户时也非常骄傲,让客户认为自己受到了重视。这类企业会将与客户通话视为重要的契机,会因帮助客户解决了问题而庆祝。当客户致电并表示对产品或服务感到开心和满意时,每位员工都会感到极强的自豪感和成就感。

在你的企业中,员工如何谈论客户呢?

# 第二章
## 使命感

假设你需要管理一个为企业的另一个部门提供服务的部门,也就是说另一个部门是你们的客户。那么,所有使用你领导的部门生产的产品的人都是你的客户,你工作的重中之重就是满足这些客户。

你如果要成为企业的领导者或是部门的主管,就必须彻底想清楚该企业或部门的使命是什么,总体目标和宗旨又是什么。拥有做到最好的决心,才能够帮助他人,这也是升职的起点,使你能最终升任高层领导者。

## 第三章
# 行动方向

我们回顾拿破仑、亚历山大大帝、南丁格尔（Florence Nightingale）以及特蕾莎修女（Mother Teresa）的人生时，会发现他们一直都非常活跃。他们都是有主意、有思想、有使命、敢于行动的人，不会总是沉思，等待事情发生。

领导者普遍具有创新精神和企业家精神。"Entrepreneurial"（企业家）一词源自法语，本指承担、从事。创新则意味着不断尝试新事物，毕竟领导者不会没完没了地分析某一件事情。

# 第三章
## 行动方向

如今,商业领袖的座右铭的关键词普遍包括做、解决、尝试。这来自汤姆·彼得斯(Tom Peters)的《追求卓越》(*In Search of Excellence*)一书,他在书中说:"只有那些不断尝试、不断钻研、不断突破的企业才能成为顶尖企业。"这类企业会毫不犹豫地花费数月,甚至是数年的时间进行分析,而后才会采取行动,并努力取得突破。正如他们所说:"不要只是做事情,还要不断取得突破。"

### 拒绝拖延,立刻行动

领导者通常是行动向导。他们不仅不断地推动企业前进,而且自己一直也很活跃,并且从不把今天能做的事拖到明天。

拖延的反义词是行动。领导者不会拖延，否则他们就不可能成为领导者。我在职业生涯早期就明白了这一道理。当时我在一家大企业工作，企业想要购买一栋价值200万美元的房产。于是，我的老板派我去往美国内华达州的雷诺负责房产的开发工作。老板告诉我，接下来的几周之内出发即可。当时我还不是企业的领导者，但我做事从不拖延，决定第二天早上就出发。当我到达内华达州并开始与包括负责该房产开发工作的工程师在内的人员开会时，我察觉该房产似乎有问题。当天工作结束后，就在要交易的前几个小时，我发现了问题所在：该房产没有水源，无法开发。我立即向上级汇报这一情况，避免在一块毫无价值的土地上浪费200万美元。毋庸置疑，我的老板很高兴。在随后的一年里，

## 第三章 行动方向

我管理了 3 个部门,手下有 42 名员工。

### 培养前瞻思维

领导者要具有前瞻思维。大多数领导者都生活在未来,他们不断地思考未来——未来是什么样,如何实现未来。大多数非领导者则都关注现在和过去。拥有前瞻思维意味着树立一系列目标,并每天都朝着这些目标努力。

领导者可以通过以下七个步骤实现目标:

第一步,找准关键目标。明确自己想要实现的目标,无论是企业的发展目标还是个人的生活目标。清楚地知道自己的目标对领导者至关重要。

第二步,具体而详细地写下目标。同时,确保

你所写的目标是可度量的。例如,你的目标可能是在未来两年内实现业绩翻倍。如果你无法具体地写出,可能是因为你的目标只不过是一个模糊的空想。

第三步,设定实现目标的截止日期。如果是一个很大的目标,你可以先将其分解成若干个小目标,并为每一个小目标设定实现的截止日期。具有时效性的目标会使你充满动力,因此你要设定截止日期。

第四步,尽可能全面地列出实现各个关键目标需要完成的具体任务。每当你想到更多需要完成的任务时,你就要将其添加到任务列表中,直至目标实现。

第五步,制定行动计划。也就是为第四步的任务列表设定具体的行动步骤,但需要特别注意任务的顺序和优先级:列表上哪些任务是最重要的?必

## 第三章 行动方向

须首先完成哪些任务？在设置优先级时，可以参照二八定律：百分之二十的任务决定百分之八十的结果。领导者不希望将时间花在无关紧要的事情上，更不希望下属如此。因此，领导者需要确定哪些工作能够真正地帮助企业和个人实现目标，并明确完成各项任务的先后顺序，因为行动计划中的某些任务需要率先完成，才能开展后续的其他任务。另外，领导者需要找出阻碍计划推进的限制因素、约束条件和障碍——最重要的障碍是什么？实现目标之前，必须要先克服哪些不利因素？这些因素的优先级也同样重要。

第六步，采取行动。既然已经制定了行动计划，也明确了眼前的障碍，就应该立即采取行动。许多人失败是因为他们没有针对自己的目标和计划尽快

采取行动,领导者不能犯这样的错误。

第七步,每天都有所作为。早上起床后,领导者要制定一天的计划,着手做能够实现自己目标的事情。

彼得·德鲁克(Peter Drucker)曾写道:"领导者的责任是规划未来,这些是其他人无法做到的。"战略规划师迈克尔·卡米(Michael Kami)说:"那些不考虑未来的人注定不会有未来。"作家、管理专家亚历克·麦肯齐(Alec Mackenzie)说:"预测未来的最佳方法是创造未来。"因此,领导者要通过设定目标来创造未来,并每天一步一步地朝着这些目标前进。

# 第四章
## 勇气素质

勇气是领导者最重要的素质之一。勇气既能帮助领导者开创事业，又可以使员工团结在领导者的旗帜下。勇气不是与生俱来的东西，而是后天培养的特质，是可以学习的。

勇气是一种习惯，你可以通过练习培养这种习惯。面对挑战，当你产生犹豫或者退缩的念头时，你要强迫自己前进，不断挑战令自己害怕的事情。总是远离和躲避让自己恐惧的人或事会让你养成怯懦的习惯。逼迫自己直面恐惧，把面对让自己害怕

的人、事、状况当作自己日常的习惯。每当你面对恐惧并能克服它时,你就会变得更加勇敢。如果你不断挑战自己害怕的事情,未来便无所畏惧。

勇敢是勇气的标志之一。我最喜欢的一句话是"只要你勇敢行事,无形的力量会来帮助你。"我的许多同事,他们虽然天赋、能力、资源都有限,但却事业有成。其共同特征就是:当机会降临时,他们敢于拼搏。

不知何故,当你不断勇于拼搏时,就会如有神助。周围的人和环境会共同以一种你意想不到的方式帮助你实现目标。因此,你要学会勇敢,不怕失败。

勇气的第二个标志是主动行动的意愿。领导者普遍是进攻型的人,不能等待别人先做事。一个战无不胜的将军不会由敌军的行动决定他何时发

## 第四章
**勇气素质**

动进攻。

我仔细研究过普鲁士的腓特烈大帝（Frederick the Great），他是少数几个在活着时就被称为"大帝"的帝王之一。每当他遇到敌军时，无论敌军的力量有多大，他都会发动进攻。如果你是腓特烈大帝的敌军，当他遇到你时，即便你的兵力是他的七倍，他依旧会发动进攻。他的座右铭就是：胆大，再胆大，永远胆大。

当然，他也输掉了很多战役，但他赢得了关键战役的胜利，成为当时最重要的统治者之一；并使其他统治者意识到，任何与腓特烈交战的人，都会被其动用所有的力量进攻，直至击败。

领导力
LEADERSHIP

## 坚持到底

勇气的第三个标志是坚持到底的能力,通常被称为耐性。这也是英国前首相玛格丽特·撒切尔出名的原因。无论多么艰难,面对多大的压力,都要坚持到底。有时,如果你坚持足够长的时间,付出了足够的努力,阳光终会剥开乌云,发生奇迹。

第二次世界大战时期,当德国几乎要击败英国并取得胜利时,温斯顿·丘吉尔(Winston Churchill)拒绝了别人让他与阿道夫·希特勒(Adolf Hitler)和解的劝说,并表明:"我们永远不会投降!"后来,他解释道:"我研究了历史。历史经验告诉我,如果坚持足够长的时间,奇迹终会发生。"历史证明他是对的,第二次世界大战最终以反法西斯国家

# 第四章 勇气素质

和世界人民战胜法西斯、赢得世界和平而告终。

## 勇敢前进

请记住,未来属于冒险者。躲避风险的人永远不会成就伟大的事业。

但这也不意味着你需要用自己的一生和所拥有的一切去冒险。我想说的是,你要在前进的道路上适当地进行冒险。要考虑到可能的最坏结果,在尽可能地降低不必要的风险后勇往直前。没有什么别的品质能比决心和前进的勇气更能区分领导者和非领导者了。

# 第五章
# 既是领导者也是战略家

领导者通常也是好的战略家和规划师。与成功的商人合作时,我发现他们通常也是非常好的规划师,也愿意花时间学习、锻炼自己的战略思维。

战略思维意味着从长远考虑,做长远打算,这意味着领导者要有全局观。领导者会仔细研究自己所做的一切,以及对自己有影响的所有事物。他们会用更宏观的思维审视自己的决策,不断地思考"如果我这样做,可能会发生什么?我的竞争对手将做出什么反应?我的同伴将做出什么反应?市场将做

## 第五章
### 既是领导者也是战略家

出什么反应?"等一系列问题。

### 预判危机

领导者也是所谓的外推式思维[1]的专家。他们可以根据今天发生的事情准确地预测将来会发生什么事情,也能够根据客户当前购买商品的趋势,推断出这些客户将来会购买或者期望何种产品和服务。

领导者能够预判危机,但他们不会被动地等待危机到来。他们不断反思:可能会出什么问题?哪些事情可能会威胁到自己的业务?

---

[1] 指能根据过去和现在的发展趋势推断未来。——译者注

与外推式思维相似的是目的论思维，也就是提前计划，在采取行动之前先考虑各种可能的结果。据说，拿破仑在他的军帐中赢得了大部分战争的胜利。他仔细研究了各种作战计划和地图，不断思考所有可能失守的环节，并仔细谋划应对之策。在激烈的战斗中，即便战局不利，他也完全清楚该如何应对，使一切都迎刃而解。

擅于进行战略思考的领导者往往比那些不花时间提前思考的领导者更具优势。

## 制定战略计划

领导者应当为企业制定战略计划。为了制定出有效的计划，他们需要弄清以下六个关键问题。

## 第五章
### 既是领导者也是战略家

第一,企业当前状况如何?领导者制定任何战略计划之前都需要全面评估企业当前的状况。他如果不了解企业当前的情况,就不知道企业需要完成哪些任务来实现战略目标。此外,评估现状时要尽量详细。领导者要针对每个业务部门或产品领域,评估其销售额、盈利能力、资产状况、发展趋势、竞争地位等。

第二,企业如何取得当前的成就?对于这一问题的解答,诚实是关键。领导者需要认真思考,哪些决策使企业步入当前的状况?哪些行为对企业当前的成功至关重要?哪些做法对赢得和维持有价值的客户是没有必要的?哪些活动可以外包,目前却仍保留在企业内部运行?

第三,企业的目标是什么?了解清楚企业目前

的状况及原因后（第一和第二），领导者需要确定企业的目标。所设立的目标要尽可能详细。例如，确定企业要出售的产品、目标客户群以及在理想状况下五年后要实现的财务业绩等。

第四，如何实现企业的目标？领导者要列出为了实现未来目标要完成的具体任务清单，并在每次发现新任务时，将其添加到任务清单中。

第五，实现战略目标需要克服哪些障碍？制约因素和限制因素可能使企业无法完成战略计划中设定的理想目标。领导者需要找出这些制约因素和限制因素，以及知道如何克服这些不利因素。

第六，实现战略目标需要什么额外的知识或资源？企业需要不断培养和开发新的核心竞争力，从而与客户保持更紧密的联系，以求超越竞争对手。

## 第五章
### 既是领导者也是战略家

例如，现在许多企业都会聘请社交媒体专家，以加强企业与客户的联系。

### 情境规划工具

情境规划是领导者制定战略计划最有效的工具之一。情境规划要求领导者详细地描述企业和业务环境在未来五年、十年或二十年可能发生的三四种情境，并在每种情境中尽可能详细地描述企业销售的产品、目标客户、竞争对手以及竞争对手的工作方式与自己的区别，也要详细地描述哪些企业外部因素或环境因素（例如，监管机构）会影响企业的业务以及如何影响。一旦有了能够描绘未来的情境，领导者就可以着眼于当下，弄清楚从现在开始必须

为这些情境构想做哪些准备。如果现实情况表明在未来竞争对手的产品价格会比自己的低，那么领导者现在应该采取什么措施来防止这种情况发生？

### 集中力量

良好的策略能促使领导者分析自己、员工和企业的优势，并把力量集中在可以取得重大进展的地方。此外，领导者也希望将"火力"集中在竞争对手最弱的领域。

在双方都擅长的领域与竞争对手正面交锋毫无意义。但是，在市场上，企业一定有机会利用自身的特质，在竞争对手薄弱的细分市场上取得竞争优势，使产品或服务脱颖而出。尽管企业需要集中力

## 第五章
**既是领导者也是战略家**

量,但也要警惕自己比竞争对手薄弱的领域,并预测到最糟糕的结果。企业可能面临的最大挫折是什么?在市场、利率、员工、竞争反应等方面,可能发生的最糟糕的事情是什么?领导者应该综合考虑所有情况,确保在遭遇危机时能够有应对的预案。

战略计划师和领导者都具有快速反应的能力,因为他们对当前的状况了如指掌,面对任何事情都会保持理智,不会被困难打倒。他们有能力领悟事情的原委,掌握情况,重新部署资产和人员,回旋进退。在许多情况下,领导力的标志是领导者能够针对不利的情况做出快速反应。

第六章
# 鼓励和激励员工的方法

当今社会,普通员工工作时只使用了50%的能力,有时甚至只有40%。领导者要做的就是激发员工使用剩下50%,甚至是60%的能力,使他们做出前所未有的贡献。

## 激励因素

领导者首先需要了解哪些因素能够激励员工使用额外50%~60%的能力。我们已经确定了以下

## 第六章
## 鼓励和激励员工的方法

六个激励因素，能够使表现平平的员工做出超凡的表现。

第一个激励因素是给员工安排有趣且富有挑战的工作。当员工工作不够投入时，非领导者通常会指责员工。但是，这些员工会不会是因为被安排了琐碎而无聊的工作才不够投入呢？领导者应该明白，要激励员工，就必须给他们一个被激励的理由。给员工安排一些富有挑战性的工作，让他们走出舒适区，帮助他们成长。

第二个激励因素是坦诚沟通。领导者不能只告诉员工做什么，而不解释为什么要这样做。如果员工了解自己的任务在全局工作中起到的作用，他们就会备受鼓舞和激励。

第三个激励因素是责任和义务。如果员工需

要对工作任务负责，工作起来就会更加投入，这也会增强他们的信心和自尊。领导者要知道如何在支持员工的同时下放权力，让员工全权负责自己的工作。

第四个激励因素是个人成长和晋升。如果员工觉得自己在技能上有所进步，学习到了新的重要知识，或者被提拔到更高一级的岗位，就可以最大程度地激发他们的积极性。

激励和鼓励员工的第五和第六个因素，则是大多数人会首先想到的因素——金钱和工作环境。金钱和工作环境能够激励员工，但与普遍看法相反的是，二者并非是最重要的激励因素。

## 第六章
## 鼓励和激励员工的方法

### 满足情感需求

如果领导者能够满足员工的以下三种情感需求，也能够鼓励和激励员工。

第一种是对依赖的需求，让员工感受到自己在为完成一项大任务贡献力量。这一点对于承担重要任务的伞状组织[1]尤为重要。领导者需要不断向员工强调，他们的工作对实现企业的目标至关重要。

第二种情感需求是对自主性的需求。员工都希望因为个人成功、才能和成就而受到认可。领导者要抓住一切机会使员工拥有良好的自我感觉。

---

[1] 指有一个总部，下设多个分支机构和附属机构的组织。——译者注

第三种情感需求是对相互依赖的需求。领导者需要使员工感受到自己是团队的一部分,要为实现共同的目标而有效地开展合作。好的领导者会不断寻求方法,使自己与员工保持和谐、高效的工作氛围。

如果领导者能够满足这三种情感需求,员工就会愉快积极地努力工作,为企业的成功贡献力量。

## 委派工作的艺术

委派工作也是鼓励和激励员工的重要方法,能使员工为部门或企业的任务和目标努力。对此,领导者需要了解下列常识。

第一,选择合适的人。无论出于何种原因,将

## 第六章
### 鼓励和激励员工的方法

工作安排给错误的人注定导致失败。并且，这样会适得其反，无法激励员工。选择合适的人是委派工作的关键。

第二，员工的岗位要和能力相匹配。领导者要衡量该员工是否具有完成某一工作所需的技能和经验。

第三，有效地将工作任务委派合适的人。领导者不能完全依靠自己做事，要知人善任，将员工可以完成的工作任务妥善地分配，这样领导者就可以集中时间完成高价值的工作任务。

第四，将较小的任务安排给新员工。这样可以帮助新员工树立信心，培养完成大型任务的能力。

第五，委派完整的任务。只有员工全权负责某一项工作时，才能激发其工作的动力和积极性，领

导者切忌让员工负责一些零零碎碎的工作。

第六，将期望的工作成果表达清楚。领导者要向员工明确说明其需取得的工作成果，并建立工作成果的测评标准。领导者如果无法测评工作成果，就无法管理员工。

第七，让员工参与和讨论工作任务的分配。领导者委派工作时，让员工参与比单纯地安排任务或分配责任更能激励员工。邀请员工提出问题和建议，从而确保他们能够完全了解需要完成的工作。

领导者委派工作时，可以让员工复述自己所要完成的工作，从而确保其完全理解工作的内容。不要将工作委派给不记笔记的员工，因为这类员工有50%的可能会误解领导者的指示，而记笔记可以规避这样的错误。

## 第六章
## 鼓励和激励员工的方法

### 让员工满足自己的期待

除上述方式之外,还有其他鼓励和激励员工的方式。

一种方法是激发员工的热情。领导者应当意识到自己是将员工变成热情参与者的重要因素。当弗朗西丝·赫塞尔宾(Frances Hesselbein)担任美国女童子军首席执行官时,该组织面临着重重困难。但她知道,参与该组织的志愿者都需要一个受到激励和鼓舞的理由。赫塞尔宾说:"我们不需要创造热情,而要释放热情——挖掘自己内心深处为他人服务的巨大能量。"赫塞尔宾找到了激发这种能量的方法,彻底地转变了女童子军,这也帮助她赢得了总统自由勋章。

此外，领导者自己要富有热情才能激发员工的热情。领导者对于自身事业的兴奋和热情直接决定能否激发员工的兴奋和热情。如果领导者本身极富热情，即便员工不会和他抱有同样的热情，也会非常热情。

领导者对工作的投入程度是鼓励和激励员工的另一种方法。领导者应完全投入工作，特征之一是他们为工作赌上所有筹码。他们的工作并非是走马观花式的，而是全身心地投入，他们对工作的投入程度决定了员工的投入程度。

顺便说一句，员工的承诺水平决定了自己能从上级那里获得多少关注，因为高度敬业的员工始终会被企业重视，更容易获得升职的机会。自主经营企业的老板们也会发现，自己对企业和产品以及对

## 第六章
### 鼓励和激励员工的方法

服务客户的热情、专注程度是决定其能否成为行业领军人物的关键因素。

领导者还可以通过鼓励来激励员工。华盛顿在美国福吉谷如何鼓励他的士兵，拿破仑如何与他的士兵一同战斗，以及亚历山大大帝与他的部队在野外驻扎时如何表达自己对于士兵的充分信任……你了解了这些领袖的故事后，就会明白鼓励是鼓舞和激励人心非常有效的方法。

领导者要增强员工的信任和信心。奇妙的是，员工如果真正相信自己的领导者，就能够做出超乎想象的成就。如果员工对领导者缺乏信任或信心，其工作的积极性就会大打折扣。

最后，领导者需要激发员工的忠诚度。众所周知，员工的忠诚度是连接企业的纽带。事实上，忠

诚对于任何组织的成功都至关重要。领导者要能够使员工对企业完全忠诚，勇于为企业献身。

# 第 七 章
## 追求胜利

领导者如何赢得下属的支持？普通人如何能够获得不平凡的表现？为什么某个人会成为领导者？道理很简单：一个人之所以能成为领导者，是因为他被认为是最有可能带领组织取得胜利的人。也就是说，领导者要带领企业取得成功。

领导者的主要任务是取得胜利。这就是为什么当企业亏损或团队表现不佳时，企业或团队做的第一件事就是找到他们认为可以带领他们取得胜利的人以取代当前的领导者。领导者巩固自己领导权力

的关键，在于其带领员工取得胜利以及给团队灌输必胜信念的能力。

领导者致力于追求卓越和品质，因为这样才能赢得胜利。当产品或服务投放市场时，员工希望他们推销的是最佳的产品或服务。质量是非常重要的。

领导者要相信自己的企业或团队能够成为行业的佼佼者。领导者的目标不是令企业或团队和其他企业或团队同样优秀，而是带领企业或团队脱颖而出，成为行业里的第一名。

最后，领导者要从取得成功的角度思考问题。领导者要一直思考如何才能成功，这样才能获得成功。如果企业或团队内的每个人都在思考如何成功，无论是想提升销售额和利润率、降低成本，还是在市场中获取财富和成功，最终都将会获得成功。

## 第七章 追求胜利

### 军事战略中的管理之道

军队领导者只有一个目标：胜利。许多企业领导者从军队领导者及其军事战略中获得管理方面的启发和指导。正如我在《胜利！》(*Victory！*)一书中写道：军事战略中的某些制胜原则适用于任何领域。这些原则如下：

**目标原则**。目标不能含糊。军队领导者非常清楚自己的行动目标，企业也同样需要清晰的目标和责任。企业的每一位员工都要知道自己必须做什么，并像战场上的士兵一样勇于为胜利献身。

**进攻原则**。拿破仑曾说："没有一场伟大的战役是靠防守取胜的。"领导者要敢于冒险，不要被动地等待事情的发生；并且要主动控制局势，有勇有谋，

集中精力主动出击。

**集中原则**。这一原则要求领导者要集中火力。对于企业而言，领导者要集聚能力最强的员工，集中自己的所有能量、所有资源，用于自己最有可能获得最大胜利的地方。力挽狂澜型的领导者通常会重新部署，从而集中企业中的最佳人才，专注于做那些可以使企业摆脱亏损局面的事情。

**机动原则**。大多数战役的胜利都是由于军队领导者擅于用计谋——从侧面或后方发动攻击战胜敌人。在战场之外，机动原则可以理解为创造力和灵活性。例如，为了扭亏为盈，领导者或许要采取与现在完全相反的做法。

**智力原则**。领导者要能洞悉事实，明白信息的力量，要获取做出正确决策需要的所有信息。

# 第七章 追求胜利

**统一行动原则。** 当企业或团队中的每一个人都为共同的目标和价值观所驱动时,企业或团队就会取得胜利。每个人都要知道其他人正在做什么,为什么这么做。每个人都相信整个企业或团队都致力于实现这一目标。

**命令统一原则。** 在任何军事行动中,都只能听命于一个领导者——一个为行动成功负有最终责任的人。这一原则也同样适用于非军事行动,特别是在危机中,时间是至关重要的。领导者在这种情况下要明确自己需要为行动负责,需要迅速做决断。

# 第八章
# 领导者也是沟通者

领导者同时是优秀的沟通者。沟通能力是领导力的核心素质,这是因为一个领导者能否成功,85%取决于他是否有能力与他人进行有效的沟通。毕竟,领导者的主要工作就是与员工打交道,员工的成功就是自己的成功。不擅于沟通的人当不了领导者。

沟通能力是一项可以培养的技能。培养沟通能力的第一步是领导者要明确其通过沟通期望实现的五个目标:

第一,得到员工的喜欢和尊重。虽然当领导不

## 第八章
### 领导者也是沟通者

是要与员工交朋友，但员工往往更听从自己喜欢和尊重的领导者，也愿意听这样的领导者说话。

第二，让员工认可领导者的价值和重要性。因此，领导者的沟通目标是给员工一个听自己说话的理由。

第三，说服员工接受自己的观点。如今，领导力更多的是指说服力，而不是指挥力。领导者必须能够说服员工接受自己的观点，同意自己的立场。

第四，改变员工的想法，使其与自己合作。如果有员工反对领导者或拒绝改变自己的立场和观点，领导者就不可能成为成功的领导者。领导者往往是改革的推动者，而改革的关键是有效的沟通。

第五，自己在整个人际关系中更具影响力。领导力、权力和影响力有关，而领导者需要通过有效

的沟通才能更好地获得权力和影响力。

## 表达清晰

领导者需要清晰地表达自己的观点、策略和目标。如果某个组织偏离正轨，究其原因你会发现，该组织的成员没有清晰地领会领导者的意图。在一个成功的组织中，各个级别的员工都应该非常清楚自己要完成的目标、前进的方向以及未来的情况，也清楚地知道自己的优势和弱点。

如果你想成为出色的领导者，就要学习如何向员工清晰地表达自己的观点、想法和目标，并确保那些希望为组织做出贡献的员工知道他们应该做出哪些贡献。

# 第八章
## 领导者也是沟通者

### 设定期待

如今,在职场中,员工最常抱怨的是不知道老板对自己的期待是什么。多数员工期望为实现企业的目标做出自己的贡献,但却不知道应该做什么。这是一件多么匪夷所思的事!一旦员工不清楚自己在工作中应该做什么,就容易变得消极怠工和愤世嫉俗,甚至参与办公室政治,失去工作的动力,无法为团队做出自己最大的贡献。

领导者除了要让员工明确自己要做什么,还要解释"为什么"这么做。领导者要确保员工知道他们为什么要这么做,这是极为关键的一点。职场中的每个人都必须明白自己做某项工作的原因,仅仅被告知要完成某项工作或任务是远远不够的。员工

都想知道做某项工作的原因，以及这项任务会给自己带来哪些影响，会给客户和其他人带来哪些影响。尼采（Friedrich Wilhelm Nietzsche）曾写道："一个人知道自己为什么而活，就可以忍受任何一种生活。"

多年以来，我养成了一种习惯，如果需要员工替我写信或在电脑上编辑一封信，我都会告知其原因。我发现，我解释得越详细，员工工作的积极性、专注度、忠诚性、投入度和参与度就越高；反之，员工对原因的了解越少，态度就会越冷漠。

领导者可以通过告诉员工原因来激发他们的工作动力。这种原因甚至不一定是非常好的理由，员工需要的只是一个不得不这么做的理由。

## 第八章
### 领导者也是沟通者

### 🌀 经常露面

面对面交流是领导者与员工交流的最佳方式。如果你研究过一些伟大的将军和领袖,会发现他们总是亲自出征,很少会躲在办公桌后面。实际上,做领导者的时间越长,就应该花越多的时间与员工在工作场所交谈。

管理学中的术语走动管理(Management By Wandering Around,简称MBWA)指的就是领导者要离开办公室,到处走动与员工谈论他们目前在做的工作。领导者要表现得平易近人,让员工能够经常看见自己,以便他们向自己汇报他们的问题以及所在部门的状况。通过在员工和客户中走动,领导者会获得比在办公室花费数小时、数天甚至数周

时间更多的直接、及时的信息。

露面对于和客户沟通、向客户学习尤其重要。领导者应至少将自己25％的时间花在与客户的互动上，而不是坐在办公桌后面或查看数据、统计资料。

不久之前，在录像机非常流行的时候发生过这样一个故事。一位男士在美国硅谷圣克拉拉市的一家经营电脑和电子产品的商店购买录像机，一位英语很差的日本老人则在柜台对面为他服务。当顾客带着自己买的东西离开时，他的朋友把他拉到一边问道："你知道那是谁吗？""不知道"，顾客回答。"那是索尼公司（Sony）负责人盛田昭夫"。盛田昭夫先生在美国出差巡店时，为了更直观地获取客户的反馈，在店里做起了销售员。

# 第八章
## 领导者也是沟通者

## 一直销售

关于沟通的最后一点:领导者都是低压销售员[1]。领导者向员工兜售企业的组织目标、愿景、目标、原因,希望员工工作时间更长、更努力、做出更多有价值的贡献、融入企业、承担更大的责任。所有伟大的领袖都是好的销售员。

领导者除了能当销售员,还要能进行谈判,会做出让步;他们要有能力找到双赢的解决方案。领导力的关键部分是接纳具有不同观点、不同需求、不同态度的人,并能协调这些人,以便他们共同合作,实现组织的目标。

---

[1] 指不给顾客施加压力,让其自主决定是否购买的销售员。——译者注

# 第九章
## 从逆境中学习

领导者从不使用失败这个词语,也从不会从失败的角度考虑问题。他们认为失败都是宝贵的教训、学习经验或是暂时的挫折,但从不会认为某件事情是失败的。美国励志作家奥里森·斯韦特·马登(Orison Swett Marden)曾写道:"认识到自己力量的人,永远不知道自己在何时会被打败,也就不会经历失败;下定决心努力的人不会经历失败,拥有坚定意志的人也注定不会失败;那些每次跌倒都会爬起来的人、能像橡皮球一样触底反弹的人,在其

# 第九章
## 从逆境中学习

他人放弃时依旧坚持的人,在其他人转身时继续前进的人都不会经历失败。"

多年前,一位年轻的领导者曾问IBM的创始人、首席执行官托马斯·约翰·沃森(Thomas John Watson):"我如何做才能在职业生涯中更快地前进?"沃森的回答是:"你要双倍增加失败的速率。换句话说,你失败和学习的次数越多,成功的速度就越快。"

一些领导者甚至说:"我们必须先要更快地犯错才能更快地在市场上取得成功。"换句话说,我们必须更快地吸取教训、进行学习。不是每年失败一两次,而是快速地在一年内经历十到二十次失败,才能积累足够的知识,从而在市场上占据有利位置。

## 解决导向

领导者之所以能够应对挫折和危机,是因为他们普遍以解决问题为导向。如果存在问题,他们会立刻考虑如何解决,而不是立刻去找替罪羊。

我在《压力是成功的跳板》(*Crunch Point*)一书中描述了领导者为应对危机或挫折而采取的一些重要措施。无论面对多大的危机或挫折,领导者都应该:

**保持冷静**。不要担心和生气。虽然说起来容易做起来难,但是领导者还是要保持冷静,保持清醒的头脑,这样才能够避免对自己无法改变的事情感到生气。

**相信自己的能力**。领导者要相信自己过去能够处理好危机,这次依旧可以。

**勇敢向前**。不要被突发事件吓倒,立即采取具

## 第九章 从逆境中学习

体措施扭转局势。

**了解实际情况**。在做出决定之前,先弄清楚发生了什么事。

**控制局面**。领导者要承担100%的责任,一味归咎于他人或沉溺于过去无法解决任何问题。

**减少损失**。放弃无法挽回的解决方案。

**应对危机**。控制局面、制定计划、着手解决问题。

**不断沟通**。让员工了解情况,避免因不确定性会导致危机加剧。

**明确所有限制因素**。找出阻碍危机解决的限制因素并加以处理。

**释放你的创造力**。制定多种解决方案。

**反击**。评估情况,了解事实,适时反击。

**保持简单**。在危机发生时,可能会发生很多事

情，也会有很多事情要做，因此领导者只需专注于最重要的工作。

**切记保持诚信**。无论面对何种危机或挑战，都必须在不损害自己诚信的前提下解决它。记住，你此时正被大众注视着。

**坚持到成功为止**。无论解决危机有多困难，需要花费多长时间，领导者都不要放弃。

### 转机艺术家

很多领导者的领导模式是情境领导[1]。许多领导

---

[1] 是以被领导者为中心的领导力模式。指领导者的行为要与被领导者的准备程度相适应才能取得有效的领导效果。——译者注

## 第九章
## 从逆境中学习

者都在某种情境中脱颖而出。我见过在普通岗位上工作了很多年的人,由于经历了一段时间的动荡或逆境,突然就具备了领导力。

我还看到有人在某种情况下是出色的领导者,而在另一种情况下却表现得比较差。有些人在顺境下是非常好的领导者,而有些人则在动荡的局势下表现出色。

如今,美国的企业领导者必须扮演"转机艺术家"的角色。在企业由于财务问题和市场变化而面临崩溃的危险情况下,转机艺术家能够出色地力挽狂澜。在现有领导者使尽浑身解数都无法扭转局势时,这些领导者能够在短短几周内重整旗鼓,使企业重回正轨。

因此,领导力与情境关联密切,逆境能够缔造

伟大的领导者。只有逆境才能证明一个领导者是否伟大。因此，领导者发现自己面临不利情况时，应将其视为证明自己拥有领导力的机会，以及拥有成为领导者所必需的条件。

逆境能够检验谁是真正的领导者。古罗马哲学家爱比克泰德（Epictetus）曾写道："环境不会塑造人，只能揭示人的本质。"真正的领导者会在困难时期脱颖而出。

# 第十章
## 组建冠军团队

我们常说领导者是后天培养的，不是天生的。所以领导者必须明白，如果想要快速成为更高级别的领导者或者带领团队获得行业领先地位，最重要的就是能够打造一支冠军团队。领导者要有能力组建一支能够团结协作，共同完成伟大事业的团队。

组建胜利团队的七大秘诀如下：

第一，明确的指导、领导。团队中的每个人都知道谁做主。虽然有指导者，但每个人都知道领导者是谁。优秀的领导者周围都是高素质的人，因此

有时候我们可以通过领导者周围的人的素质来判断他的素质。强大的领导者总是会挑选比自己更有能力的人，而无能的领导者总会任用比自己更无能的人。

第二，重视员工的发展与培训。要组建一个成功的团队，团队内部的重点必须全部集中在培训、提升团队成员的技能上。

第三，重视计划。这意味着了解事实至关重要。哈罗德·杰宁（Harold Geneen）在其著名的管理学书籍中写到，事实是关键。领导者不要对假定的事实、希望的事实、可能的事实感到满意，而是要对真实的事实感到满意。杰宁写到，事实不会撒谎，领导者制定良好计划的能力依赖于准确的市场情报。你如果仔细研究那些获胜的将军，就会发现很多关

## 第十章 组建冠军团队

键战役的获胜方都是因为获得了可靠的情报。他们获取了准确的信息，并将其纳入自己的计划中。

此外，领导者还要制定退路计划。所有伟大将军的共同特点，都是在每一次出征前问自己，无论战况如何，如果需要撤军应该怎么做。在滑铁卢战役中，威灵顿公爵提前部署了 17000 名经验丰富的后备军，以备战败时能够掩护大部队撤退。即使在战斗当天几乎被击败，他也并未动用这支后备军。如果威灵顿公爵提前派遣这支后备军的话，可能当天会提前拿下那场战争，不会出现濒临战败的危险情况。但是，优秀的将军总会部署好退路计划来应对可能发生的最糟糕的结果。领导者如果在开始一项计划时，从不考虑可能会出现什么问题，势必会犯致命性的错误。

第四，知人善任。作为领导者，需要雇佣有能力的员工，并将其安排到能够充分发挥其作用与能力的岗位。如果员工在某个岗位上做得不好，可以尝试把他调换到新的岗位上，直到他能够发挥最大价值。

第五，淘汰无能的员工。如果领导者选择的人无法在任何岗位做出贡献，就必须将其剔出团队。留任不称职的员工的时间越长，成为无能领导者的可能性就越大。此外，留任不称职的员工还会让团队释放出一种会给无能的人提供工作保障的信号，这也会降低其他员工的工作积极性。

第六，加强沟通。沟通不畅是所有组织中最大的弱点之一，这会使团队中信息的横向和纵向流动皆不顺畅。冠军团队需要坦诚的沟通，以便团队中

# 第十章 组建冠军团队

的成员能够快速地获取任何他们需要的信息。

第七，追求卓越。追求卓越是唯一能够真正激励员工的事情。这种追求会使人早早起床，兴奋而专心地投入工作。这就是为什么领导者总是在谈论如何取得胜利、如何取得成功、如何超越他人。

# 第十一章
## 注重结果

领导者普遍是结果导向而非行为导向的人。他们认为,如果所做的事情不会带来有价值的结果,那么这件事就不值得做。因此,他们总是从自己期望的结果的角度考虑问题。

领导者如果想获得理想的结果,可以反复地问自己以下四个问题:

第一,对我而言,高价值的活动是什么?做哪些事情能够为自己的工作和组织贡献最大的价值?这些事情中,哪些应该是自己重点关注的?

## 第十一章
## 注重结果

第二,我的关键结果领域❶是什么?任何组织中的任何职位都需要五到七个关键结果领域,很少有职位需要七个以上的关键结果领域。领导者如果想要完成任务,就必须在这些领域中取得出色的表现。一旦确定了岗位所需的关键结果领域,就必须设定最高的绩效标准并达到这些标准。请记住,作为领导者,所有员工都在注视着你。

第三,什么事情是我能做(且只有我能做),且做好了会对企业产生真正的积极影响的?有些责任和任务是只能由领导者完成的,其他员工无法替代。

---

❶ 是为实现企业整体目标不可或缺的、必须取得满意结果的领域,是企业关键成功要素的聚集地。——译者注

第四，如何最明智地利用自己的时间？这也是领导者取得良好表现的最关键的问题。有些任务只能由领导者完成，但很多人没有很好地履行这一职责，因为他们卷入了其他本来不应该承担的职责和任务中。优秀的领导者知道他们应该做什么，不该做什么。

## 设定任务的优先顺序

取得成果的关键技能之一就是知道如何设定优先顺序。领导者只是知道自己应该做哪些高价值的活动是不够的，还要公正地对工作任务进行优先排序，才能够让自己专注于那些最重要、最有价值的活动。

## 第十一章 注重结果

确定任务优先级最有效的方法是使用"ABCDE法则"。此方法要求领导者根据每项任务的重要程度列出任务清单，以对其排序。

"A"类是重要且必须完成的任务，如果完不成会产生严重的后果。有时候领导者会面对多个A类任务。在这种情况下，需要将A类任务分为A-1，A-2，A-3，以此类推。当然，A-1是所有任务中最重要的，接下来是A-2，依次递推。

"B"类是应该完成的任务，虽然不完成也会导致不良后果，但是后果并不像未完成A类任务那样严重。如果尚未完成A类任务，切勿开始执行B类。

"C"类是做了会给工作增光添彩的任务，但是不做也没有任何后果。例如，阅读杂志或报纸虽然是一件很享受的事情，也能够让自己了解最新的政

治或体育事件，但是大多时候不会对工作有任何帮助。在没有完成 B 类任务的情况下，切勿开始执行 C 类任务。

"D"类是可以委派给其他人代为完成的任务。领导力的一条重要规则表明，领导者应将任何可以委派的工作委派给他人。领导者有足够多只有他自己能做的工作，不应该将时间浪费在别人可以完成的任务上。因此，领导者可以经常问问自己"哪些会对企业产生重大影响的事情是我能做并且只有我能做的？"任何不属于此类的任务都要将其分配给员工完成。优先顺序依然是在未完成 C 类任务时，不可开始 D 类任务。

"E"类是需要剔除的任务，甚至都不应该出现在任务清单中。不完成这类任务既不会带来任何后

# 第十一章
## 注重结果

果,也不会对工作产生影响。这类任务也许是过去很重要的任务,但现在已经过时了,因此根本不应该做!无论如何,现在是剔除它的时候了。

"ABCDE法则"的核心要求是在较高优先级的任务仍未完成时,永远不要开始执行优先级较低的任务。我在进行任何工作时都强调这一法则,因为这说起来容易,记住难,执行起来更难。

### 让每个人都专注于效益

在员工都专注于自己的工作业绩的同时,领导者要不断使员工明确他们的关键成果领域是什么,鼓励他们优先完成高回报任务。领导者必须知道提高员工效益的方式在于确定任务优先次序,专注于

完成能够带来重大改变的工作任务。这也是提升企业和领导者效益的关键。

如果所做的事情不属于关键结果领域的范畴，即便完成得再出色，意义也不大。但是，如果你能够完成好一两件重要的工作任务，将会为企业做出巨大且重要的贡献。

## 第十二章
# 有做领导的欲望

领导者都有强烈的做领导的欲望,这就是所谓的有做领导的抱负,这也就要求领导者必须能够自力更生。有趣的是,他们往往都非常具有个人主义。他们希望拥有控制和自治的权力,喜欢自己做决定。

但是,他们也认识到,要想拥有控制和自治的权力,自己首先必须是良好的执行者,必须一丝不苟地遵守上级领导者的命令。所有伟大的将军都是从新兵训练营开始学习如何更好地遵守命令。

领导者都喜欢指挥、喜欢掌控、负责一切。如

今，许多人不想成为领导者，也并不是每个人都需要成为领导者。但是，你如果天生适合做领导，就会具有希望掌管全局的欲望和冲动，你要做的就是为承担起领导职责做好充分的准备。

## 承担领导责任

在任何情况、任何组织中，领导者都必须承担以下七项关键责任，想成为领导者的人则要努力学习承担好以下七项责任。

责任一：设定并实现目标。优秀的领导者十分清楚组织需要在哪些重要的方面实现目标，并且能够逐一实现这些目标。对企业而言，这意味着领导者首先要确定销售增长和盈利的目标，并对这些目

## 第十二章
## 有做领导的欲望

标进行战略部署和市场规划,毫不动摇地实现这些目标。

责任二:创新与市场。无论是领导者还是企业,都不能重复地做过去一直在做的事情,这样无法开拓新的客户,也无法实现在"责任一"中所设定的那些目标。要不断创新企业的产品,不停地销售企业创新出的产品。

责任三:解决问题并做出决定。领导者需要自己战胜挫折,克服成功道路上的障碍,做出处于领导职位的艰难决定。每个未实现的目标都是一个未解决的问题。如果没有完成销售目标,这就是一个尚未解决的问题;发现市场行情不好,也是一个尚未解决的问题。

责任四:设定优先级,专注于关键任务。领导

者拥有的人员、金钱和任何其他的资源都是有限的。领导者应当知道如何部署组织的资源才能为组织的整体成功做出最大的贡献。因此，领导者需要承担的第四项责任也与时间管理有关。时间对于所有人而言都是最稀缺的资源，不知道如何分配时间的领导者注定会失败。

责任五：成为员工的榜样。员工不仅会观察领导者，也会效仿他的行为和态度。领导者期望员工具备什么样的性格、个性、工作习惯，自己就要做好表率。

责任六：说服并鼓舞员工。领导者需要激励自己的团队、部门或组织相信自己为其设定的愿景、使命和特定目标。如果领导者没有听从自己意见的下属，即便处于领导职位，也不能成为领导者。

## 第十二章
### 有做领导的欲望

责任七：取得成果。领导者被寄予了取得良好业绩的期待，因此他没有任何借口不取得相应的成果。这也是上述七条责任中最重要的责任。

像足球运动员都想要控制球一样，领导者也要主动承担起这些责任，负责激励组织中的成员为组织的成功贡献相应的力量。虽然领导者知道成功来自于与员工的合作，但他们最终都想成为发号施令的人。

### 做好承担责任的准备

想成为领导者的人需要认识到：领导者应该并想要对结果负责。他们希望对组织的成功负责。当然，如果出现问题，领导者也要做好承担责任的准备。

## 领导力
## LEADERSHIP

领导者不要以任何理由批评他人,不要抱怨自己的处境,不要使用诸如"假使……将会怎么样"和"要是……多好"之类的表述;而是专注于自己的目标以及前进的方向,负责改进任何需要改进的地方。

承担责任会让领导者感受到自己掌握了权力,因此会认为自己能够控制自己、控制生活。承担责任也会使领导者充满信心和能量,这样他们才会感到自己是有能力的、称职的。

那些总是找借口、无端指责别人、爱抱怨的领导者实际是在放弃他们的权力。他们弱化了自己的能力,也丧失了决心,用自己无法控制所发生的事情之类的理由麻痹自己。领导者要相信自己已经掌握了控制权,否则也无法成为领导者,只能被动地接受和顺从,不会主动出击。

第十二章
有做领导的欲望

有些大企业里的领导者甚至抱有一种个体经营者的态度。他们认为自己是私人企业的总裁,抱有一种创业的态度,这种态度会强化他们的责任感。

## 现在就是正确的时机

当渴望成为领导者时,你不要因为外界的环境而放慢自己的脚步。那些拥有领导野心的人不会等待"正确的时机",现在就是最合适的时间。世界上一些伟大的企业都是在经济困难时期创立的。华特·迪士尼(Walt Disney)、比尔·休利特[1](Bill Hewlett)、戴维·帕卡德[2](David Packard)以及

---

[1][2] 惠普公司联合创始人。——译者注

IBM的汤姆·沃森（Tom Watson）等这些伟大的商业领袖都是在美国经济危机最严重的时候创立了自己的企业。联邦快递（FedEx）、凯悦酒店（Hyatt）、全球音乐电视台（MTV）以及乔氏超市（Trader Joe's）等企业也都是在经济衰退期间成立的。

记住，领导者永远不会太多，也一直缺乏，更没有不必要的领导者。你想成为其中之一吗？

第十三章
# 自尊在领导力中的作用

领导者都具有很强的自尊心和正面的自我形象。他们重视自己,认可自身的价值。

自尊心就是喜欢自己的程度,自我效能是其重要的组成部分。自我效能是对于自我能力的感知,认为自己擅长所做的工作,认为自己有能力完成作为领导者所需要获得的工作成果。

自尊心很重要,因为人的内在感觉以及对自己的信念和想法会影响其外部的表现方式。保诚贝奇证券公司在美国加利福尼亚州的分公司(Prudential

## 领导力
## LEADERSHIP

Bache California Realty）前首席执行官史蒂夫·罗杰斯（Steve Rodgers）表示："人如何看待自己将直接影响其在工作中的个人表现和作为管理者的表现"。

要想成为领导者，需要平和的心态、清晰的思维、坚持不懈的努力、洞悉真实世界的能力，以及许多其他的素质，如果一个人总是在自我怀疑和自卑感中挣扎，注定不能成为领导者。

### 拥有高自尊的秘诀

领导者要了解自己。他要像德尔斐神谕[1]所述一

---

[1] 古希腊德尔斐神庙的阿波罗神殿门前有三句石刻铭文：认识你自己、凡事勿过度、妄立誓则祸近，其中第一句最为有名。这些被后人奉为"德尔斐神谕"。——译者注

## 第十三章
## 自尊在领导力中的作用

样拥有很高的自我意识，花大量的时间内省，知道自己的动力是什么，也知道自己做事的动机和做这些事的原因。同时，领导者要能够很客观地认识自己，不过于感情用事。

此外，领导者通常只承担自己能够出色完成的任务。因为他们了解自己的能力，所以绝对不会接受无法出色完成的工作任务。他们知道自己所做的一切都会对自己作为领导者的整体形象产生影响，因此只会承担自己能做得很好的工作任务。

领导者会专注于自己的优势领域，并不断反问自己："这是我能出色完成的任务吗？我具有做出出色表现的素质和能力吗？"领导者一旦发现自己的表现不佳，就会及时止损，因为他们一贯追求更好的结果，无法接受自己取得一般的工作结果。

领导者也有自我诚实的品质，能够诚实地评价自己。他们既不傲慢自大，也不自负吹嘘；并会不断地审视和反思自己："这是适合我做的吗？我现在这样做是正确的吗？"

## 领导者如何对待他人？

自尊心强的领导者通常没有防御性。他们有足够的把握能够从错误中学习，也能够应对挫折；非领导者则没有这种克服错误、面对逆境的内在力量。

非领导者没有足够的信心，无法意识到自己既有优势也有劣势。但领导者既能认识到自己的长处，也能了解自己的弱点，并会努力克服自己的弱点。有的人只会抱怨自己的弱点，而有的人却能够冷静、

## 第十三章
### 自尊在领导力中的作用

诚实地面对自身的弱点,这之间的差异源于个人的自尊水平。因此,领导者能在认识到自己并不完美的同时,肯定和承认自身的能力。

人的低自尊也会反映在他们对待他人的方式上。低自尊的人会通过不善待他人的方式弥补自己,让自己感觉良好。高效的领导者不会区别对待弱者和强者。维珍集团(Virgin Group)的创始人理查德·布兰森(Richard Branson)是一位具有超凡魅力的企业家。他曾在电视节目《学徒》(*The Apprentice*)中扮演一个豪华轿车司机。在此过程中,他借机观察了接受测试的其集团的领导者对待他的态度和方式,并以此解雇了所有对自己态度不好的人,因为这些人没有成为高效领导者的潜质。

## 相信自己

做自己所擅长的工作能够提升个人的自尊。领导者都追求卓越的表现，无法接受自己或员工表现不佳。他们希望自己的企业进入所在领域的前10%。

自尊心低的人可以通过取得高水平的表现摆脱低自尊的负面影响，并意识到一切皆有可能。以我的经历为例。我从小家境贫寒，且缺乏机会，这样的家庭背景使我自卑、让我退缩；即使我做得很好，也不敢承认是自己的功劳，而是将其归结为运气和巧合。直到我28岁时，生活才被彻底改变了。因为我受到了启发，任何行业中收入最高的10%的人几乎都是那些最开始收入垫底的人。虽然他们过去表现不好，但如今每个人都取得了不俗的成绩。

## 第十三章
### 自尊在领导力中的作用

从那以后，我产生了发展自己的想法。我意识到生活就像是吃自助餐，自己要对自己负责，自己要排队取餐、吃饭。而排队吃到自助餐只需要两个步骤：第一，排队；第二，保持在队伍当中。而在工作中，排队意味着每天都要下决心提升自己，朝着自己的目标努力。保持在队伍当中，意味着不放弃。不要只是三分钟热度，只在短期内提升一下自己，然后继续保持不动甘愿成为牺牲品。

当鲍勃·西尔维（Bob Silver）参加我在美国芝加哥举行的一个研讨会时，他已经离过两次婚且负债累累还深受肥胖、失业等的困扰。他认为自己所有的问题都是由他人和命运造成的，都源自生活的不公。他的一个朋友坚持让他参加我的研讨会，但是他不相信这些"激励人心的东西"而不愿意尝试。

但是当我说大自然是中立的，而你成为现在的自己是因为自己而非外界因素时，鲍勃·西尔维突然意识到他的问题不在于命运，而在于自己。他因为身份地位而退缩，因为他专注于自己没有的东西而不是自己想要得到的东西。于是，他决定改变自己的生活。他不仅在一年之内找到了工作并获得了两次晋升，而且成功减重30磅（约为13.6千克），还幸福地再婚了。高自尊可以改变一个人的生活。

高自尊不仅会让一个人相信自己，也会赋予一个人坚持下去的毅力和专注力。

## 第十四章
# 以身作则

当你成为领导者后,每个人都会关注你的一言一行。领导者的行为会影响团队或组织中其他成员的行为。如果领导者能够为员工树立榜样,员工也会以领导者为榜样。阿尔贝特·史怀哲(Albert Schweitzer)说:"领导者教育员工时必须以身作则,因为没有别的更好的办法能让他们学到东西。"世界顶级领导者、教练领域的先驱者与权威者——马歇尔·戈德史密斯(Marshall Goldsmith)在他的书中谈到,领导者改变自己的行为方式可能会对周围

许多人的行为产生深远影响。

本章将讨论员工会密切观察领导者的哪些行为特征,并会将其作为自己行为的基础。

## 永不欺骗

领导者切忌撒谎、欺骗、走捷径或利用自己的职位谋取便利,而是要对自己的行为负责。当领导者处于权力位置时,稍有不慎就会导致不良的结果。虽然员工可能因为想保住自己的工作而不会与领导者争论,但是他们心里明白,也会一直观察领导者的行为,并且不再觉得自己必须诚实行事。为何安然(Enron)这样的大公司最终会破产?因为领导层在企业中催生了一种欺骗的文化,这种文化已经渗

# 第十四章
## 以身作则

透企业的各个层级。俗话说"上梁不正下梁歪",指的就是这种自上而下的负面行为所带来的后果。如果你作为领导者不能树立正直的形象和良好品格的榜样,就可能会为企业的破产埋下伏笔。反之,如果你作为领导者从来不用自己的诚信妥协,员工和企业中的其他领导者也将更加努力地匹配你的诚信和品格。

### 树立正确的态度

领导者通常拥有积极乐观的态度。他们相信自己、相信组织不会被挫折和困难打倒。态度是战胜逆境的关键,帮助员工克服工作中可能遇到的任何问题或障碍的最好方法之一,就是领导者自身为员

工树立乐观积极的榜样。员工通过观察领导者应对逆境的方式，来获取自己应对挫折的力量。

美国宾夕法尼亚大学的马丁·塞利格曼（Martin Seligman）教授在他的畅销书《学习乐观》（*Learned Optimism*）中列举了 350000 次人物访谈的结果，以证明成功的人比平庸或不成功的人更为乐观。他发现成功人士的典型特征就是拥有乐观的心态，而不是其他任何性格或行为特征。乐观很重要，因为它能够让人把思想集中在接下来能做哪些事情以打开局面，而不是在那些已经发生的让情况变得更糟的事情上。

领导者即使内心深处对自己有一些疑问或不确定性，也必须对听从自己领导的员工隐瞒。优秀的领导者不允许自己与他人讨论对自我的疑问或不确

## 第十四章
## 以身作则

定性，因为对员工而言，没有什么比看到自己的领导表达自我怀疑更令自己泄气的了。领导者的自我怀疑不仅会伤及士气，还会在员工的心中引发一个疑问：领导者是否能胜任这项任务呢？一旦你的领导力受到质疑，就会失去员工的信任，也会成为效率低下的领导者。这就是为什么以身作则对于合格的领导者至关重要。

### 尊重他人

态度的另一个因素是领导者对待他人的方式。员工知道领导者是如何对待他们的，也能看到对待他们的同事、老板，甚至是对待企业的客户、合作伙伴的方式，因此他们也会效仿领导者的做法。领

导者要知道,如果自己对客户无礼,员工也会对客户无礼,企业会获得将客户拒之门外的坏名声。领导者也要明白,如果自己对待下属的经理不尊重、不礼貌,这些经理就不会用尊重和礼貌对待自己的下属,这样企业会获得虐待员工的坏名声,优秀的人才也会纷纷辞职。

此外,领导者还要明白,如果自己在面对董事会的上级时化身为"点头虫",自己也会被"点头虫"包围,诚实的合作伙伴会纷纷远离。而后者才是真正能够帮助领导者了解真实情况,帮助企业获得成功的人。

领导者对待他人的方式,也为自己的团队或组织定下了如何待人接物的基调。因此,作为领导者,你要为团队定下正确的基调。

# 第十四章 以身作则

## 树立良好工作习惯的榜样

领导者也需要在工作习惯上为员工树立榜样。优秀的领导者会通过自己努力工作、提高工作效率,来激励员工也这样做。领导者如果利用自己的职位优势迟到早退,或者经常与经理或员工闲聊,就会发现自己的团队、部门或企业的生产力越来越低。

领导者应该是优秀的榜样。因为他们知道员工一直在观察自己,也知道自己会影响员工的士气和行为,所以不懈地在行为和举止上努力树立好榜样。请记住:强将手下无弱兵。

因此,这就是为什么领导者要不断地反思:如果企业的每一个人都像我一样,我的企业将会变成一家什么样的企业?

# 第十五章
# 领导者的自我激励

领导者应当不断地鼓励自己,一般有三种常用的自我激励的方法。

### 设定愿景

第一种是通过愿景进行自我激励。大多数真正的领导者都是梦想家,尤其是那些有能力创造未来的变革型领导者。他们梦想着他人无法预见的未来和可能性。真正的领导者可以清晰地看到未来,而

## 第十五章
### 领导者的自我激励

周围的其他人则根本无法想象。随后，领导者会通过计划、管理使组织不断向前，使自己的梦想成真。

当我与很多企业的领导者模拟企业的战略规划时，我请这些领导者设想在未来的五年中，他们的企业将发展成为行业中的领军者。一旦有领导者想象出了未来理想企业的理想特征和属性后，我会问他们："这能实现吗？"这些领导者通常会点头说："是的，有可能。一年可能不行，但五年内一定能实现。"然后，我们讨论如何在未来五年内实现这一目标。一旦领导者对想要的东西有了清晰的认识，下一个问题就是"如何实现"。

领导者也可以用同样的方式规划一下自己的人生。如果不受任何因素的制约，例如，金钱、教育、经验、人脉等，自己五年后的理想生活是什么样的：

在做什么？理想的生活是什么样子？一旦有了梦想的细节，下一步就是实现它。领导者可以谋划一下，如果要开始实现"五年幻想"，现阶段必须做些什么。伟大的现代管理学之父彼得·德鲁克曾经写道："我们过度高估了我们一年内可以完成的事，但是又过分低估了五年内我们可能完成的事。"

## 设定目标、赢得承诺

第二种，领导者通过设定更高的目标来不断激励自己。一个人即便设定了很高的目标，如果他能不断努力且设定的目标未超出个人的能力范围，就能不断地激励自己。

第三种，领导者还能通过获得员工的承诺来激

## 第十五章
## 领导者的自我激励

励自己。领导者会发现,当员工为了实现企业的梦想不断努力的时候,自己也会变得更加热情和专注。扎珀斯(Zappos.com)[1]的员工都在努力实现其前首席执行官谢家华的梦想——为客户提供最佳的服务体验。他是如何知道的呢?因为 Zappos 会在新员工入职培训后,赠予想要离开的新员工 2000 美元的离职金。这种做法看似奇怪,但目标很明确:确保留下来的员工真的想为企业服务,会为企业的理想努力。一小部分新员工会拿了钱离开,这也无妨,因为他们可能永远不会像那些为了扎珀斯的工作机会而拒绝意外之财的员工那样踏实地投入工作。

---

[1] 鞋类电商网站。——译者注

领导力
LEADERSHIP

## 努力工作

成功来之不易。领导者会自我激励，努力完成实现梦想所需的工作。因此，他们还要做到：

**更努力工作**。工作场所既不是社交场所，也不是能够悠闲上网的网吧，领导者不会在工作场所浪费自己的时间。

**效率更高**。领导者总是不断地加快工作步伐，从不会满足于自己目前的工作速度，希望更快地完成更多工作。

**工作时间更长**。大多数领导者都是最早到办公室，最晚离开的那群人。单凭每周这些额外的工作时间也会让他们的工作效率发生巨大变化。

由于领导者的特殊地位，他们只能自我激励，

## 第十五章
### 领导者的自我激励

不会依靠别人来激励自己。当然，成为领导者本身就是一种非常具有激励性的经历。

# 第十六章
## 提高领导能力

领导者永远不会停滞不前。事实上,在过去几十年中有关领导者的大量研究表明,真正的领导者具有成长和发展的能力,会避免让自己陷入舒适区,领导者都是终身学习者。

### 阅读和学习

培养领导才能的关键是阅读、学习和上课。所有领导者都有读书的习惯。他们即使忙于工作,也

## 第十六章
## 提高领导能力

永远不会停止获取新信息。他们阅读大量的商业书籍和杂志、参加商业会议、和他人讨论以了解正在发生的事情。

华盛顿出生于美国的一个中产阶级家庭。他虽然出身平凡，但最终成为美国独立战争时期大陆军的总司令、美国第一任总统。在美国成立的动荡时期，华盛顿因为彬彬有礼、举止得体而闻名。鲜有人知的是，他十几岁时读了《社交及谈话礼仪守则》(*The Rules of Civility and Decent Behaviour in Company and Conversation*)，这本书让他学会如何约束自身的行为举止，对他漫长而传奇的人生也产生了深远的影响。华盛顿在自己的笔记本上写下了这本书提到的110条文明准则，并一直随身携带，不断勉励自己。

许多领导者都会阅读其他领导者的传记和自

传，希望寻求自己的人生榜样。美国哈佛大学的戴维·麦克利兰（David McClelland）研究了榜样对塑造年轻人的性格和个性的影响。正如他在《成就社会》(*The Achieving Society*)一书中所说的那样，在一个人年轻时，那些被社会奉为榜样的人会对他的余生产生重大的影响。然而，那些成为伟大领袖的人则超越了当前的社会榜样，并通过阅读和学习，在历史中寻找更优秀的领导者作为自己的榜样。

## 弥补缺失的领导能力

有些人虽然天生具有某些领导才能，但也会缺少另一些领导才能。大多数优秀的领导者之所以成为出色的领导者，是因为他们知道自己缺少哪些领

## 第十六章
## 提高领导能力

导才能，并有意识地着手去掌握这些能力。

本杰明·富兰克林也是美国的开国元勋之一，一生都在努力提高自己所需的领导能力。富兰克林认为自己有很多缺点，太好争辩、太没礼貌，因而不容易取得成功。因此，他有意识地改变自己的个性。经过深思熟虑后，他列举出了十三项自己需要培养的美德，并开始学习如何按照这些美德行事。每周他都会重点培养一种美德，例如，宽容或平静。但是和华盛顿一样，富兰克林也明白短短一个星期内是无法培养出领导才能的。因此，他不断地研究这些美德，持续两个星期、三个星期，甚至一个月都在专注培养一项美德。后来，曾经粗鲁而令人反感的富兰克林最终成为代表美国这个国家的最有影响力的外交官之一。他巧妙地利用欧洲殖民主义列强

之间的矛盾展开外交活动，争取了重要的军事联盟，为打破英国的殖民统治奠定了基础。这一切都始于他开始专注于培养这十三项美德。

领导者在努力提升自己时，还需遵循以下三条原则：

**过去的遭遇不重要，未来的目标才是关键。**领导者不必过度担心以前因为自身的弱点而错失的机会、犯下的错误，那些都已成为过去，未来才至关重要。对普通人来说也是如此，以前从未担任过领导者，并不意味着现在或未来也不会成为领导者。

**你如果希望自己的生活变得更好，那么必须努力提升自己。**这一道理放在本章中，可以表述为：如果你想成为领导者，那么就需要培养领导者的能力。

**你可以学习任何想要学习的东西，可以成为任**

# 第十六章
## 提高领导能力

何想要成为的人。本杰明·富兰克林等领导者知道自己想成为什么样的人,并着手实现这一目标。

### 成为更好的领导者

领导者需要不断完善自我。他们通常通过以下四个基本步骤,来提高自身的领导力和素质:

第一,多做某些事情。领导者要多做对自己更有价值的事情、对获得领导成就更重要的事情。

第二,少做某些事情。与此同时,领导者必须有意识地减少在会阻碍你成为合格的领导者的某些活动上花费的时间。

第三,开始做那些自己需要做,但目前没做的事情。作为一个成功的领导者,需要具备哪些技能、

能力和知识？了解清楚后就努力地学习这些技能、能力和知识。

第四，完全停止做某些事情。有些活动可能与自己成为领导者的目标不再相关，那就先停下脚步，从要实现的目标的角度评估自己所有的活动。你也许会发现曾经很重要的东西现在已经不再重要，也无须再占用自己的时间。

# 第十七章
## 合作才能获得权力

领导者应当意识到自己无法独自完成所有事情，因此要时刻留意、招募那些有能力帮助自己实现目标的人才。领导者要认识到，人类社会中任何努力的最大限制因素就是人才。因此，他们要使出浑身解数为自己招兵买马，在合作中让企业和自身得到发展。这样做主要有以下两个原因。

第一，寻求他人的建议。寻求他人的建议是领导者想要取得成功的最重要的原则之一，因此要不断地向他人寻求帮助、建议、忠告。领导者永远不

要认为自己无所不知，也不要尝试从头学起。俗话说，人生虽长，但不足以犯下所有错误。因此，领导者要不断向他人请教，学习他人的经验。

第二，弥补自身的弱点。领导者要对自己的弱点保持高度警惕，并知道如何弥补。事实上，能够弥补自己的弱点、增强自身优势的领导者，注定会成为杰出的领导者。

所有领导者都会经历能力的巅峰，自然也会经历低谷。好的领导者能够找到自己的强势以弥补自身的弱势，这样一来，自己就可以专注于如何最大程度地提高自身优势。但是，领导者只要能够招揽到帮助自己实现目标的人才，即便自身在某些方面处于弱势也没关系，更不需为此过度担心。

# 第十七章 合作才能获得权力

## 合作的步骤

领导者可以通过以下三个重要步骤达成合作，从而获得权力。

首先，确定生活中可以帮助自己的关键人员。这些关键人员既可以是与自己一起工作的同事，也可以是在平行机构工作的其他人员。领导者要找出这些关键人物，思考如何与他们建立合作关系。获得他人帮助的最好、最有效的方法就是先帮助别人。

其次，花时间与这些关键人物建立关系。如今，生活中的一切都与人际关系有关，任何人的成功都取决于与有才能的人建立的人际关系的质量和数量。

最后，努力维持和增进有价值的人际关系。有时候，一个人在正确的时间里处于正确的职位，或

者与自己建立多年良好关系的人可以使自己少奋斗五年。

## 成立策划小组

我建议领导者要成立策划小组。在圣迭戈，我们成立了一个由企业家组成的策划团队，这些成功的企业家们会定期会面，讨论新的业务构想和业务问题，并互相给出反馈和建议。在几次会议上，某些企业家某个已经苦思冥想了几个月都毫无进展的问题，在彼此交流几分钟后就找到了解决方案。

策划小组既可以是结构化的小组也可以是非结构化的小组。结构化的策划小组可以围绕一个既定的主题或问题进行头脑风暴会议，小组成员经常能

## 第十七章
## 合作才能获得权力

够碰撞出可以应用到实际业务中的新想法或新观点。在非结构化的小组中,成员可以聚在一起讨论他们关注的任何主题。

策划小组不一定要由企业外部的人员组成。领导者也应该在自己的企业或组织内部培养由关键人员组成的策划团队。领导者要定期与他们会面,大致了解企业的运营情况以及可能出现的问题。

### 管理依赖关系

领导者想要获得权力就必须管理依赖关系。权力就是拥有忠于自己的人,即便这些人不是自己的员工,也可以向他们寻求帮助。通常,这些人愿意给予帮助是因为曾经受助于你,这也就是所谓的互

惠原则。互惠原则指的是如果你为帮助他人实现目标贡献了自己的力量，受助的人也会发自内心地做一些事情来帮助你实现目标。

领导者的受喜爱度也是其获取权力和影响力的关键。人们总是愿意为自己喜欢的人做更多更好的事，对不喜欢的人则不会如此尽心尽力。

### 导师的力量

大多数成功的领导者都有能够帮助他们到达巅峰的导师。领导者可以遵循以下建议，以建立更好、更成功的师徒关系。

**为自己生活的各个方面设定明确的目标。**领导者如果不知道自己的具体目标是什么，就不会知道

## 第十七章
## 合作才能获得权力

什么样的人可以为自己提供帮助。

**找出实现目标的道路上的障碍。**

**确定克服这些障碍所需的知识、技能、专业知识。** 这些就是你需要向导师学习的内容。

**寻找身边在目标行业最成功、能够给自己提供最大帮助的人。**

**加入这些人所在的俱乐部、组织和商业协会。** 搜寻这些信息可能需要进行一些研究,但这些信息是可以找到的。

**加入这些俱乐部、组织和商业协会后,积极参与相关的活动。** 主动承担任务比做其他任何事情都能更快地吸引想要遇见的人的注意。

**不断工作、学习和练习,从而使自己的工作做得越来越好。** 为了吸引最优秀的导师,自己也需要

在行业内获得积极进取的声誉。

**发现潜在的导师时，请记住自己正在与一个非常忙碌的人打交道，不要让导师讨厌自己。**最好私下借用导师十分钟的时间，询问相关的建议。不要提一些过分的要求。

**当与潜在的导师会面时，请说出自己希望在领域中取得更大成功的愿望，非常感谢他能提供一些指导和建议。**例如，询问特定问题的答案，或让导师推荐特定的书籍或其他资源，或让他分享以往认为有帮助的想法。

**初次见面后，向导师发送真诚的感谢信。**信中要谈到，如果自己有其他问题，希望可以再次拜会。

**每个月向导师简短地汇报自己的进步以及正在做的事情。**表明自己正在遵循导师的建议、正在阅

## 第十七章 合作才能获得权力

读他推荐的书、学习他推荐的课程。你要清楚地表明，导师的建议让自己在某方面取得了进步，这样他会更愿意帮助你。

**如果与导师关系密切，可以每月与他见一次面，甚至更频繁一些。**

最后，需要补充一点：随着你在人生和职业发展过程中的成长和进步，要不断地寻求更好的导师，他们可以针对你当时的状况提供个性化的、更好的建议。

# 第十八章
## 共识领导

领导者可以通过命令、协商和共识三种方式领导员工。

命令是最传统的领导方式。一位领导者下达了命令，每位员工都应该遵守。现在，领导者已经认识到，如果不进行任何协商就发布命令或对下达的执行命令不做任何解释，那么就不能激励员工尽自己最大所能地完成工作。正如美国陆军外科医生盖尔·波洛克（Gale Pollock）少将（已退休）所说："如果领导者命令员工做一些员工不了解的事情，他们

## 第十八章
## 共识领导

并不会全力以赴。只有当领导者向他们展示其重要性时，员工才会呈现最好的表现和最大的勇气。"

协商决定是指领导者向员工征求意见、邀请员工参与决策过程后，领导者再做出最终决定。相较于直接下达命令，这种领导方式更能够激发员工的动力。员工会意识到虽然最终的决定权在于领导者，但他们会对领导者在决策过程中向自己征求意见的做法抱有好感。即使他们不同意最终的决定，也更愿意遵守该决定，因为自己参与了协商的过程。

共识的领导方式可以让员工更深程度地参与决策过程。在这种情况下，领导者不做最终决定，最终决定权完全属于整个团队。该团队通过讨论每种行动的利弊，决定最终要采取的行动。

通常，领导者会综合使用这三种方法。在讨论

关键决策时，他们会首先明确这是一种什么样的决策，因为并非每种决策都适用共识领导或命令领导。尽管共识领导具有其自身的优势，但并不能成为领导者推脱责任的借口。重要的是，员工应该理解什么时候需要采用协商领导或共识领导，什么时候要使用命令领导。

做出艰难的决定是领导者工作的内容，这意味着有时他需要发布命令。然而，最优秀的领导者也能认识到，员工就某种想法参与讨论的意愿与该想法的所有权之间有着直接的联系：员工越愿意讨论某一个想法，就会越坚定地执行这一想法。

因此，领导者应尽量避免直接下达命令，要不断鼓励员工思考、谈论、讨论自己的想法。

## 第十八章
## 共识领导

### 🌀 营造合适的环境

领导者若想通过协商或共识进行领导，需要营造一个充满高度信任的环境。在这种环境中，员工被赋予说实话的权力，无须担心因说错话而承担责任。接下来我们谈谈如何为协商或共识领导营造合适的环境。

#### ■迅速对问题做出反应

所有人都想把工作做好，但是不可避免地总会出现这样那样的问题。一旦出现任何问题，领导者都要迅速处理。可以直接与相关人员交谈，从容地寻找问题的解决方案；而不要责怪、指责、遽下定论。有时候很可能不是员工的问题，而是企业本身或是由主管引起的。无论造成问题的原因是什么，

领导者要找出并制定解决方案。

### ■帮助员工进步

员工都希望有进步的机会。领导者要创建一个允许员工犯错误，鼓励员工提高业绩水平的环境，可以通过以下步骤帮助员工取得进步：

**从开始就明确自己的期望**。领导者应尽可能客观地设定自己的期待值，并确保员工确切地知道其被期望取得什么成果。

**设置可测评的绩效标准**。请记住，"所测即所得"。领导者要用经济指标衡量每项工作的成果。

**切忌假设员工完全理解其所负责的任务**。领导者向员工委派任务或项目时，请确保员工准确记录了工作任务，并要求他们向自己复述工作任务的内容。

# 第十八章
## 共识领导

**定期反馈**。告诉员工他们哪些地方做得好、哪些方面需要改进、哪些方面需要提升等。反馈之所以能够激励员工，是因为可以让员工明白领导者关注他们的工作。如果员工不知道自己的工作做得怎么样，就会失去动力，因为员工都喜欢能够出色完成工作的感觉。所以，领导者要定期向员工反馈其工作情况。

### ■冷静地解决问题

出现问题时，领导者有时很容易生气或表现不耐烦，但请保持这样的态度：尽管出现了明显的问题，也要理解员工的出发点是好的；平静地处理问题，不用羞辱员工的方式解决问题。

**不要在公开场合批评员工或者讨论员工的问题**。领导者可以把他们请到办公室后再谈论具体情况。

**明确了解具体的问题或误解的原因。**领导者要清楚说明自己关注此事的原因。

**倾听员工的解释。**即便员工可能会为自己辩解，但他们会从自己的角度让领导者从侧面了解所发生的事情。

**明确告知员工需要提升哪些方面的表现、提高多少。**领导者在员工犯错时，仅仅告知员工需要解决或避免问题，但却不告知他们应该如何解决，会更令他感到沮丧、泄气。员工想确切地知道该如何解决此问题。

**跟进。**领导者要及时跟进员工任务的完成情况，了解他们是否就达成的共识调整了自己的工作，必要时还需要向他们提供反馈和其他额外的支持。

第十九章
# 既是领导者，也是倾听者

领导者都是优秀的倾听者，通常会花费其50%到60%的工作时间用来倾听。领导者要想成为优秀的聆听者，关键在于不仅要听懂字面意思，还要能够洞悉其中的引申义，倾听真实的信息，并将所有注意力集中在说话人的身上。因此，在会议中或者与他人交流的过程中，领导者需要：

**认真倾听**。抛开所有想法，专注于说话者所说的内容。不要"假装"自己在听，否则很容易会被拆穿——说话的人会意识到你已经走神了。研究人

员发现，在对话中，只有 7% 的信息来自说的内容，38% 的信息靠说话的语调传递，而占比最大的是肢体语言，能够传递 55% 的信息。领导者在倾听时，可以身体微微前倾，这样的姿势会让说话者清晰地知道你在倾听。同时，不要打断说话者，因为当你说话的时候，就无法继续倾听了。

**回答之前稍作停顿**。当说话者停止讲话或暂停讨论时，通常情况下，你可能会假设对方已经说完了，随即开始发言。但是，此时对方可能只是暂时停顿，重新整理自己的思绪后还要继续发言。此时突然插话，对方可能会认为是你有意阻止他继续发言。如果你在回答之前停顿一下，保持片刻的沉默，就可以让自己更深刻地理解对方的意思；更能了解对方在说什么，因为当对方持续讲话时，你会有更

## 第十九章
### 既是领导者，也是倾听者

多的时间形成自己的想法。最后，在对方结束讲话后不要立刻回复，也需稍作停顿，以此表示自己确实在倾听，并且在回答之前仔细考虑对方所说的内容。

**提问澄清**。提问是另一种证明自己确实在倾听的方法，以表明自己不是假装在听。同样重要的是，提问可以防止对说话者想说的话做出错误的假设或得出错误的结论。如果不确定，不要假装自己明白对方所说的内容。因此，可以通过提问以下问题深入地了解对方所说的内容：

"你说的是什么意思？"

"你对这件事的看法是什么呢？"

也就是用自己的话解释对方所说的内容，然后再重复给对方。这样不仅会让说话人知道你一直在

倾听，而且还会知道你是否理解他所说的话。此外，如果有任何理解错误的地方，说话人还能借机纠正。

**不被打断地倾听**。在滑铁卢战役期间，拿破仑向格鲁希元帅（Emmanuel Marquisde Grouchy）发出了一条命令，格鲁希当时率领 30000 名士兵驻扎在离战场不远的地方。由于拿破仑发出命令时较为匆忙，格鲁希接到的命令也不够清晰，他不知道该如何行动，因此他按兵不动，和 3 万名士兵原地待命。结果，拿破仑在几座山之外的滑铁卢被击败，改变了整个欧洲的历史进程。这一切都仅仅是因为对信息的理解不够透彻。

如果你是领导者，当有人想与你交谈时，请关上门，关掉手机，一心一意地倾听，不被外界的任

## 第十九章
### 既是领导者,也是倾听者

何信息干扰。倾听是领导者了解所发生的事情的最好方法之一。领导者用随意的态度倾听他人说话可能会造成灾难性的后果。

# 第二十章
## 像领导者一样生活

领导者积极主动，工作富有成效，能为员工树立努力工作、高效工作的榜样。然而，高效的领导者也知道，自己所选择的生活方式会对未来的成功产生重大影响，因此他要照顾好自己的身体、心理和情绪，使自己充满活力、心态平和，从而应对领导者要面对的挑战和压力。

优秀的领导者通常选择以下的生活方式：

**保证充足的睡眠。**一个人如果每天都能保证7~8小时的睡眠，就会有充沛的精力投入工作，工作起

## 第二十章
## 像领导者一样生活

来也会更加机敏、积极、灵活。作为领导者,任何时候都要全神贯注,避免过于劳累或有一丝一毫的思绪不清。

**振作精神**。挑战和危机尤其令人筋疲力尽。在必要情况下,领导者可以抽出一天时间放松身体,做一些与工作无关的事情,即使这一天没有任何收益。

**彻底休息**。振作精神最好的方法是彻底休息36小时。从周五晚上到周日早上,不要看电脑、打电话,甚至不要在办公室里研究资料。给自己一个假期后,回到工作岗位,你会比以往任何时候都更加精力充沛。

**注意饮食**。人的大脑需要正确的食物才能保持最高效的运转。饮食中避免三种白色"毒品":盐、

糖和面粉。不吃面包、甜点、汽水、面食，多吃水果、蔬菜和含有优质蛋白质的食物，例如，鱼、鸡蛋、瘦肉。

**多做运动。** 运动会让人体释放出有益的化学物质。人在剧烈运动时，大脑会释放出内啡肽，这是一种"快乐激素"，会让人感到更加积极、自信、富有创造力。

**以正确的方式开始新的一天。** 起床后做30~60分钟运动，然后吃高质量、高蛋白的早餐，就能为一天的工作做好准备，表现出自己的最佳状态。

## 选择安静和独处的生活

我们的生活充满了各种阻碍交流与互动的声音。

## 第二十章
### 像领导者一样生活

你可以尝试一下平时尽量不看电视，开车的时候关闭收音机，利用安静的时间与家人交谈、阅读或收听有教育意义的、鼓舞人心的、励志的节目；也可以借助数字硬盘录像机录制自己想看的节目，以便有空的时候观看；避免用看电视、听收音机的方式打发空闲时间。

每天的独处时间也非常重要。你可以每天花30~60分钟时间安静独处，那时脑海中涌现出的见解和想法会令你感到惊讶。独处时，你不仅能够借机计划自己的一天，还可以清晰地规划自己的短期目标和长期目标。有规律的独处还可以使你练就优秀领导者心态平和、富有创造力、松弛的必备特质。法国作家布莱兹·帕斯卡（Blaise Pascal）曾经写道："世间所有的问题都源于不擅于独处。"

## 维持生活与工作之间的平衡

工作狂通常工作效率不高。有人之所以把工作带回家,是因为他们在工作场所没有自律能力,白天总把工作时间浪费在社交上,然后便发现自己不得不在晚上或周末加班。对于领导者而言,平衡工作与生活十分重要。下班回家后,要把工作放在一边,与家人共度美好的休闲时光。

## 控制是幸福的关键

根据控制原理,人的快乐取决于其对生活的控制程度。一个人感觉不幸福是因为他不能掌控自己的生活,或是自己的生活受到外界因素或他人的干

## 第二十章
### 像领导者一样生活

扰、控制。

心理学家用"控制点"的概念来解释这一观点。当一个人能够掌控和决定发生在自己身上的事情时,就达到了心理学家所说的内控点。内控点会使人感觉到坚强而有目标。而当你感觉到无法控制自己的生活时,便达到了外控点。环境、他人,甚至自己的个性特征等都可以控制发生在自己身上的事情。例如,有些人知道暴躁的脾气会影响自己与他人合作的效率,但是他们会用"好吧,这就是我的工作方式"这样的话语来推卸责任。

领导力与责任有关,其中包括了控制生活、保障幸福的责任。

# 第二十一章
## 诚信——领导者的基本素质

在高管的会议室中,我曾听到美国最富有的一个人说过一句我永远不会忘记的话:"在我看来,诚信本身并不具有价值,其价值在于它保证了所有其他事务的价值。"

举行战略规划会议时,所有高管都一致认同的价值观就是诚信。领导者知道诚信、责任、信誉是领导力的基础,同时也要坚守自己的信仰。

# 第二十一章
## 诚信——领导者的基本素质

## 真诚见伟大

老乔恩·亨茨曼（Jon Huntsman，2012 年美国总统候选人的父亲）是一位亿万富翁，他白手起家创办了一家化工企业，这家企业后来发展成为市值 120 亿美元的大型企业。他在《真诚见伟大》（*Winners Never Cheat*）一书中，讲述了自己坚决拒绝妥协原则的故事。亨茨曼认为，诚信是他取得成就的原因。他写道："在商业或生活的游戏中没有道德捷径。世界上的人根据人品大体可以分为三类人：不成功的人、暂时成功的人，以及那些能够取得长久成功的人。"

有许多通过欺骗而获得一时成功的例子。多年来，安然一直被认为是美国最具创新力、最大胆的

公司之一。该公司的首席执行官结识了美国许多重要人物，甚至包括当时的美国总统。安然的成功不仅建立在谎言之上，其领导人也缺乏诚信。许多人可能听说过安然的前首席执行官肯尼斯·莱（Kenneth Lay）、前首席运营官杰弗里·斯基林（Jeffrey Skilling），他们曾经因为欺骗占据了数月的新闻头条；而老乔恩·亨茨曼如今依然继续经营着他市值数十亿美元的企业，远离大众的焦点。诚实正直的领导者可能不是最著名、最光鲜的领导者，但他们也并不在乎这些。诚信意味着做正确的事，因为这才是正确的做法，是成功的关键。

领导者都信守诺言。他们会小心翼翼地做承诺，甚至是不愿意做出承诺，但一旦许下诺言，就一定会兑现。此外，领导者总是说实话。杰克·韦尔奇

## 第二十一章
## 诚信——领导者的基本素质

（Jack Welch）将其称为"坦率"。他认为，如果领导者害怕坦率，就没有成为高效的领导者的决心。这样的领导者周围的员工也不会说真话，只会阿谀奉承。诚实正直的领导者不惧怕面对现实。韦尔奇称此为现实原则，或"实事求是地看待问题，而不是主观地看待问题"。诚信是领导力最重要的原则，因为它要求领导者要真实和诚实。许多企业和机构之所以失败，是因为他们没有遵循现实原则。

诚实意味着即使事实很不堪也要直言不讳。宁愿实话实说也不要欺骗别人，如果欺骗别人，最终会自欺欺人。

领导者必须要自信，但也需要坦然接受自己会犯错误的事实。许多领导者之所以最终失败，是因为他们从不质疑自己的假设和结论。亚历克·麦肯

齐曾经写道:"错误的假设是所有失败的根源。"

自信和盲目自信是有区别的。所以,让我们面对现实吧!当今的世界瞬息万变,领导者有可能犯部分性错误,也可能犯完全性错误。也许目前你没有犯错误,但要对犯错误的可能性持开放的态度。只有这样你才能成为高效的领导者,才能敞开心扉接受新的想法和观点。

## "无意外"原则

林肯小时候在一家杂货店担任店员。有一天,他发现一位顾客多付了几便士,于是林肯走了几英里找到这位顾客,并把这几便士还给了她。这个故事传开后,林肯很快赢得了"正直的亚伯"的绰号。

## 第二十一章
## 诚信——领导者的基本素质

后来,他用无可指摘的诚实和正直品质带领美国渡过了最艰难的历史时期,挽救了国家岌岌可危的命运。林肯成为继华盛顿后美国最受尊敬的总统。诚信的品质激励小林肯把几便士还给那位顾客,也让他取得了如此伟大的成就。

诚实和公平不应有例外。客户多付几便士并不算什么大事,但对于林肯而言,不会因为顾客只是多付了几便士的零钱,就理所当然地认为无须归还。如果你愿意在小事上妥协,认为这样"不要紧",那么在大事上也会背弃承诺。诚信是一种心态,与大事小事无关。

领导者总是在公平方面犯错误,尤其是当自己受到不公平的对待时更容易有失公允。事实上,领导力的真正标志是当自己受到别人不公平的对待时,

依旧能做到公正。

## 培养领导力的七大步骤

最后,我们总结一下成为领导者的七大步骤或原则:

第一,欲望。必须真正想要当领导的经验和责任。

第二,决定。决定付出代价,实践这些领导原则。

第三,决心。所有的领导者在职业生涯的初期都要有成为领导者并保持领导地位的坚定决心。

第四,纪律。自律是关键。克己和自控的能力是领导者职位高度的决定性因素。

## 第二十一章
### 诚信——领导者的基本素质

第五,榜样示范。向自己钦佩的领导者学习,思考如何将他们的行为融入自己的行为当中。

第六,学习。阅读有关领导力的书籍,参加有关领导力的课程,了解高效的领导力指的是什么,并不断琢磨如何学以致用。

第七,练习、练习、练习。领导力是可以学习的,领导者也必须培养领导力。领导力是社会文明最紧迫的需求,今天比以往任何时候都需要你加入领导层。

你如果一遍又一遍地重复练习本书谈到的理念和技巧,并在脑海中构想出一幅清晰的自己成为领导者的画面,那么一定会成为自己理想中的领导者。